KABALOS MOKSLAS

Michael Laitman

KAS YRA KABALA?

kabbalah.info/lt
info@kabala.lt

© Laitman Kabbalah Publishers 2023
ISBN: 978-1-77228-158-3

KAS YRA KABALA?

Skaitytojui

Daug kas girdėjo, kad kabala yra slaptasis mokslas. Būtent uždarumas, paslapties šydas davė pretekstą apie ją sukurti daugybę legendų, falsifikacijų, profanacijų, gandų, nemokšiškų svarstymų bei išvadų.

Tik XX amžiaus pabaigoje kabalos mokslas ėmė sklisti pasaulyje.

Ir todėl, kreipdamasis į skaitytojus, norėčiau sugriauti per šimtmečius susiformavusius mitus apie senąjį ir šiuolaikinį kabalos mokslą, skirtą visiems žmonėms.

Kabalos mokslas niekaip nesusijęs su religija, nebent tiek, kiek galima susieti su religija, sakykime, fiziką, chemiją ar matematiką, bet ne daugiau.

Kabala – ne religija, ir tai lengva suprasti kad ir iš fakto, jog nė vienas religingas žmogus jos nežino ir nesupranta joje nė žodžio.

Gilius pasaulėdaros pagrindus, jos dėsnius, pasaulio pažinimo metodiką, kelius, kaip pasiekti kūrimo tikslą, – visa tai kabala pirmiausia slėpė nuo religingų masių, nes reikėjo sulaukti laikų, kai žmonija išsivystys iki tokio lygmens, jog galės priimti kabalistines žinias ir teisingai jomis naudotis.

Kabala – mokslas valdyti likimą, žinojimas, perduotas visai žmonijai, visoms pasaulio tautoms.

Kabala – mokslas apie tai, kas paslėpta nuo žmogaus akių, nuo mūsų penkių juslių. Joje yra naudojamos tik dvasinės sąvokos, t. y. tos, kurios aiškina, kas vyksta virš mūsų pasaulio, ko nejaučia penki mūsų jutimo organai, kas yra už jų jutimo ribų, vadinamajame „aukštesniajame pasaulyje".

Tačiau, kad įvardintų aukštesniojo pasaulio objektus, jėgas bei veiksmus, kabala pasitelkia žemiškąją kalbą. Tai būtina, nes mes neturime žodžių „nežemiškoms" sąvokoms išreikšti.

Iš kiekvieno aukštesniojo pasaulio objekto („aukštesnysis pasaulis" – ta energijos ir informacijos erdvė, iš kurios kyla valdymas) į mūsų pasaulį nusileidžia jėga ir sukuria mūsų pasaulio objektą („mūsų pasaulis" – žmogaus matoma ir jaučiama materiali visata). Kabalistas, esantis abiejuose pasauliuose, mato šį ryšį ir aprašo aukštesnįjį pasaulį, naudodamas mūsų pasaulio pavadinimus.

Tačiau tam, kuris nesuvokia abiejų pasaulių, atrodo, kad kabalistas aprašo žemiškuosius veiksmus, nors kabala kalba tik apie aukštesnįjį pasaulį.

Žinomų žodžių (sąvokų) naudojimas sukelia nesusipratimų, klaidingų vaizdinių. Todėl kabala draudžia įsivaizduoti kokį nors ryšį tarp mūsų pasaulio objektų ir jų dvasinių šaknų. Tai kabaloje laikoma pačia grubiausia klaida.

Todėl kabalos studijavimas tiek daug metų, net iki mūsų laikų, buvo uždraustas: žmogaus išsivystymo lygis buvo nepakankamas, kad galėtų atsikratyti tokių vaizdinių kaip įvairiausios dvasios, raganos, angelai ten, kur kalbama apie valdančiąsias jėgas.

Tiktai XX amžiaus paskutiniajame dešimtmetyje pradėta plačiai skleisti kabalos mokslą. Kodėl? Todėl, kad žmonės pakilo aukščiau primityvaus gamtos jėgų (kaip į žmogų panašių būtybių, undinių, kentaurų ir kt.) supratimo lygmens.

Žmonės pasirengę įsivaizduoti aukštesnįjį pasaulį kaip jėgų ir jų laukų pasaulį, kaip esantį aukščiau materijos. Šiomis jėgų, minčių pasaulio sąvokomis ir operuoja kabalos mokslas.

Su linkėjimais sėkmingai atverti aukštesnįjį pasaulį
Michaelis Laitmanas

KAM AŠ GYVENU?

Ką nagrinėja kabala

Kabala atveria žmogui gyvenimo prasmę. Kiekvienas žmogus kuriuo nors gyvenimo etapu paklausia savęs: „Kokia mano gyvenimo prasmė?" Ypač skaudus šis klausimas vaikystėje ir jaunystėje, o vėliau žmogus jį dažniausiai pamiršta. Taip sutvarkytas gyvenimas: žmogus negali visą laiką kankinti savęs klausimu, į kurį negauna atsakymo.

Atsakymą žino tik vienas šaltinis – kabalos mokslas, daugelį amžių buvęs prieinamas vien išrinktiesiems.

Karta keitė kartą, bet tik mums, paskutiniųjų kartų atstovams, suteikta galimybė gauti išsamų atsakymą į patį svarbiausią klausimą.

Tačiau ir šiandien, kai kabala jau prieinama kiekvienam žmogui, ji skirta tiems, kurie suaugę ir net sulaukę žilo plauko vis dar užduoda sau vaikišką, jaunatvišką klausimą: „Kokia mano gyvenimo prasmė, kokia visos žmonijos egzistavimo prasmė?"

Tie žmonės, kuriems šis klausimas opus, ateina prie kabalos. Jie nejaučia visiško pasitenkinimo, kasdienio gyvenimo pilnatvės. Jų nekankina manija ar depresija – tiesiog šiame gyvenime jie negali pasiekti dvasinio komforto. Kodėl? Atsakyti į šį klausimą gali kabala.

Norų vystymosi etapai

Tūkstantmečius trunkanti žmonijos raida – tai skirtingų noro lygių vystymasis ir realizacija. Būtent norai ir būdų, kaip juos išpildyti, suradimas nusako civilizacijos ir viso, ką mes vadiname technologiniu ir moksliniu progresu, išsivystymo lygį.

Dėl to, kad norai nuolatos tobulėja, t. y. auga iš mažesnių į didesnius, žmonija juda pirmyn.

Kabala norų visumą skirsto į penkis etapus:

- pirminiai norai – seksas, maistas (sakoma: „Meilė ir alkis pasaulį valdo");
- antrasis norų vystymosi etapas – turtų siekimas;
- trečiasis etapas – valdžios ir garbės siekimas;
- ketvirtasis etapas – žinių troškimas;
- penktuoju etapu siekiama suvokti „aukštesnę" jėgą.

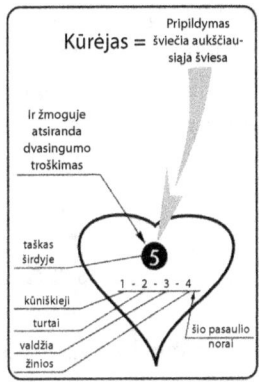

KAS YRA KABALA? 7

Sekso ir maisto poreikis – tai gyvūniški norai, nes juos jaučia ir gyvūnai. Net būdamas visiškai izoliuotas, žmogus jaučia alkį ir trokšta pratęsti giminę, t. y. nori sekso.

Turto, valdžios, žinių troškimas – tai jau žmogiškieji norai. Kad patenkintų šiuos norus, žmogus turi būti tarp panašių į save – žmonių visuomenėje.

Žmogus gimsta, jo norai vystosi, o paskui jis pastebi, kad gyvūniškųjų ir žmogiškųjų norų realizavimas neteikia pasitenkinimo. Paslėptas, bet tikras jo troškimas, kurį ne iškart gali įsisąmoninti ir suformuluoti, nepripildomas šiuo pasauliu.

Šį norą žmogus gauna iš aukščiau. Jis nėra duotas iš prigimties kaip gyvūniškieji norai ir nesivysto veikiamas visuomenės kaip žmogiškieji norai.

Kabala šį noro lygmenį vadina dvasinės šviesos troškimu arba žmogaus siela.

Kabala tyrinėja dvasinę konstrukciją, vadinamą „bendrąja siela". Ši konstrukcija susideda iš 600 000 dalių, kurių kiekviena dar dalijasi į daugybę dalelių, esančių „žemiškųjų" (keturių pirmųjų lygmenų) norų viduje.

Kūrėju kabala vadina bendrą, visus pasaulius valdančią jėgą, kuri, kaip sudėtines dalis, jungia visas atskiras pasaulių sistemos jėgas.

Naujosios norų rūšies atsiradimas

Žemiškųjų norų visuma kabaloje vadinama „širdimi". Noras pajausti „aukštesnę jėgą" (dvasingumo ar dvasinis noras), kylantis joje, vadinamas „tašku širdyje".

Žmogus per savo biologinį, žemiškąjį gyvenimą turi visiškai užpildyti dvasinį norą. Jis turės grįžti į mūsų pasaulį, kol šito nepasieks.

Taigi kiekviena karta šiame pasaulyje – tai tos pačios 600 000 sielų, apvilktos mūsų pasaulio kūnais.

Kiekviena karta – 600 000 išsirikiavusių sielų, kurios vystosi, kad prisipildytų dvasine šviesa: kūnas miršta, o siela persikūnija ir vėl dirba naujame kūne, ir taip iki tol, kol tam tikru vystymosi etapu neprisipildys aukščiausiąja šviesa.

Daugumos žmonių poreikiai (kūrybiniai, intelektualiniai, kultūriniai, taip pat poreikis tyrinėti ir suprasti mūsų pasaulio sandarą) neišeina už šio pasaulio ribų.

Tai liudija, kad sielos, esančios šių žmonių kūnuose, dar nepasiekė noro dvasingumui – penktojo norų vystymosi etapo. Įsikūnijusios tokio tipo sielos nesužadina kūnuose troškimo tam, kas yra už mūsų pasaulio ribų.

Bet yra nedidelis (kol kas!) kiekis kitokio tipo sielų. Įsikūnijusi į baltyminį kūną tokia siela sukelia žmogui trauką tam, kas yra aukščiau, kas amžina. Žmogus, kaip ir visi kiti, bando pasitenkinti tuo, ką duoda šis pasaulis, bet jam nepavyksta.

Jis mato, kaip kiti žmonės siekia kaupti, įgyti turtus ir sėkmę, o jam tai atrodo ne daugiau nei žaidimas.

Jis dalyvauja šiuose „žaidimuose" ir dažnai sėkmingai, tačiau jam tai neteikia pasitenkinimo. Palaipsniui, bandydamas save šiame pasaulyje ir nusivildamas, žmogus pradeda jausti, kad jo siela reikalauja kitokio pripildymo.

Galiausiai, gavęs norą dvasingumui, žmogus pajunta, kad žemiškaisiais malonumais jis jau negali pasitenkinti, ir todėl gyvenimas yra tuščias. Ir tada jis ima ieškoti šaltinio, kuriuo galėtų pripildyti naująjį (dvasinį) troškimą.

Atsiradus naujosios rūšies norui (o tai būdinga mūsų laikams), prasideda ieškojimai ir nusivylimai.

Nuo XX amžiaus vidurio vis daugiau žmonių iš aukščiau gauna norą dvasingumui, kuris sukelia žmoguje prieštaravimus, nes šis noras atsiranda žmogaus širdyje kartu su visais kitais (žemiškaisiais) norais.

Iš aukščiau duotas penktasis noras sukelia vidinio diskomforto jausmą. Tokia būsena ir paskatina žmones ateiti į kabalą, jie ateina paaiškinimo, kaip pripildyti kilusį juose aukštesniojo pasaulio norą.

Kadangi noras dvasingumui ateina iš aukščiau, mūsų pasaulio objektai negali jo užpildyti. Kabala parodo žmogui, kaip galima pripildyti šį patį aukščiausią norą, jeigu jis atsiranda.

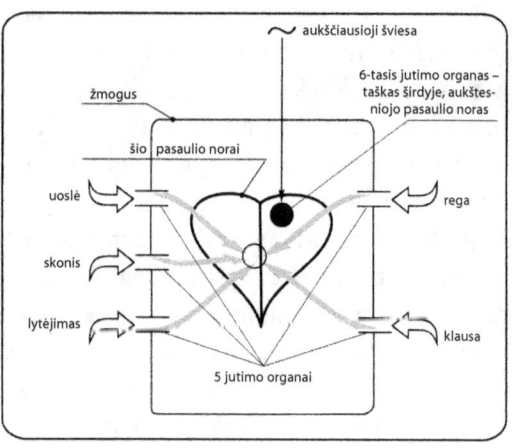

Kabalistai, gaunantys dvasinio noro pripildymą („kabala" – hebr. „gavimas"), tai, ką gauna, vadina „šviesa", tiksliau „aukščiausiąja šviesa".

Ši aukščiausioji šviesa vadinama „Kūrėju", nes sukuria norą ir jį pripildo. Bet jeigu žmogui šis noras nekyla, tai jis gyvena kaip paprastas žmogus.

*To, kas galėtų pripildyti, paieškos
ir prisipildymo procesas*

Žmogaus gyvenimas – tai nuolatiniai ieškojimai. Žmogus visą laiką ieško to, kas galėtų patenkinti, pripildyti vis naujus ir naujus norus: vaikosi maisto, turtų, sekso, valdžios, žinių.

Šie norai kyla be perstojo ir keičia vieni kitus. Visą gyvenimą žmogus stengiasi juos pripildyti.

Per žmonijos istoriją daugeliui žmonių pavyko pripildyti ir dvasinį norą. Apie tai jie mums kalba savo knygose. Jie pasakoja apie užpildytojo paieškas ir užpildymo procesą. Jų aiškinimai ir šio proceso aprašymai sudarė mokslą, vadinamą „kabala". O save tokie žmonės vadina „kabalistais".

Kabalistai aiškina mums, jog žmogus, būdamas mūsų pasaulyje, turi pripildyti savo sielą šviesa taip, kad ji pakiltų į tą patį dvasinį lygmenį, kuriame buvo prieš nusileisdama ir patekdama į žmogiškąją širdį, t. y. žemiškuosius norus.

Mūsų užduotis – pripildyti tašką širdyje aukščiausiąja šviesa, nepaisant visų kitų norų, vadinamų žmogaus širdimi arba žmogaus kūnu.

Kabalistai kalba, jog sielos pripildymas šviesa leidžia žmogui pajausti aukštesnįjį pasaulį. Tai reiškia, kad žmogus vienu metu gali būti (jausti) ir aukštesniajame, ir mūsų pasaulyje. Jis sujungia savyje abu pasaulius.

Būsena, kai žmogus mūsų pasaulyje visiškai ištaiso ir pripildo savo sielą bei pasiekia patį aukščiausią dvasinį lygmenį, vadinama „sielos išsitaisymo pabaiga" arba tiesiog „išsitaisymo pabaiga".

Kabala suteikia žmogui galimybę (nuo tos akimirkos, kai jis pajuto norą siekti aukštesniojo pasaulio ir dėl to pirmą kartą išgirdo apie kabalą) įvaldyti sielos pripildymo metodiką, pajausti begalinį malonumą, amžinybę, absoliutų pažinimą ir tobulybę.

Beje, jis gauna galimybę realizuoti tai dabar – šiame pasaulyje, šiame gyvenime, o ne kaskart grįžti į šį „ne geriausią" iš pasaulių ir nuo gimimo iki mirties ieškoti ir kentėti.

Kadangi sielos visą laiką keičiasi, vystosi ir tobulėja, tai kabalos užduotis – sukurti kiekvienai kartai būtent jai tinkamą aukščiausiojo prisipildymo metodiką.

Šis mokslas dėl to ir vadinamas „kabala" – gavimas, nes moko metodikos, kaip pripildyti sielas šviesa.

Kabala moko žmogų, kaip gauti aukščiausiąją šviesą ir kaip visiškai ja užpildyti sielą, t. y. visus norus: ir širdies (žemiškuosius), ir dvasinius.

Tai įmanoma, nes visi mūsų norai sukurti būtent šios šviesos. Ir todėl tik prisipildymas ja pačia gali mus patenkinti.

Dvasinis noras – kas tai?

Pirmosios keturios norų kategorijos (kūniškieji norai – maisto, pastogės, sekso; turto troškimas; valdžios, garbės troškimas; žinių siekis) mums visiškai aiškios ir jaučiamos, tačiau apie dvasingumo norą mes neturime jokio supratimo.

Žmogus nežino, kas yra „dvasingumas", kol jis gali tenkinti savo norus mūsų pasaulio objektais. Jis mato šiuos objektus ir aiškiai žino, ko siekia. Bet kai kyla dvasingumo noras, jis neranda mūsų pasaulyje šaltinio, kuris galėtų šį norą pripildyti.

Žmogus pasijaučia bejėgis ir sutrikęs: nebėra gyvenimo skonio, nėra daugiau kuo jį užpildyti.

Jam tiesiog blogai. Jį kažkur „traukia". Bet kur? Jis nežino, kur kreiptis, juk pasitenkinimo šaltinio nematyti. Žmogus turi galimybę trumpam užsimiršti, ką jis paprastai ir daro.

Vaikystėje užduodame sau klausimą: „Kam mes gyvename?" Tačiau po to prasideda augimo periodas ir hormonai nuslopina šį klausimą, nuslopina norą rasti gyvenimo prasmę ir šaltinį. Mūsų seksualiniai, intelektualiniai siekiai atitraukia dėmesį nuo šio klausimo.

Bet paskui tas klausimas vėl iškyla ir vėl neduoda mums ramybės. Kas atkakliai reikalauja atsakymo į jį, nesugeba užpildyti atsiradusios tuštumos ir ateina į kabalą, tiksliau jį atveda iš aukščiau: ateina laikas pripildyti žmogiškąją sielą.

Dvasinė erdvė

Kai žmogaus kūnas miršta, siela persikelia į naujai gimusį kūną. Gyvenimas po gyvenimo siela vis labiau pasirengusi žmoguje atsiskleisti.

Daug gyvenimų žmogus nugyvena nejausdamas savo sielos – aukštesniojo pasaulio siekimo. Nepainiokite to su pasaulietiškuoju, žemiškuoju „dvasingumo siekimu", kaip paprastai suprantama kūryba, poezija, muzika, dailė.

Žmogus sielos pasireiškimą pajunta kaip naują norą, siekimą, kaip tuštumą ir nežino, kuo ją užpildyti. Nuo tos akimirkos prasideda ieškojimo kelias, kuris būtinai jį atves į kabalą.

Taip į kabalą atveda visus žmones pasaulyje, nes kabala – tai vienintelė sielos pripildymo metodika.

Nuo tos akimirkos, kai žmogus atėjo į kabalą, t. y. surado mokytojus ir knygas, prasideda pasiruošimo (įėjimui į dvasinį pasaulį) laikotarpis. Jis gali trukti keletą metų (mažiausiai 3 metus).

Dvasinė erdvė – tai savybių erdvė, panaši į fizinį lauką, maksimaliai pasireiškianti centre ir silpnėjanti nuo centro periferijos link, kol visiškai išnyksta ties riba, už kurios prasideda mūsų pasaulis.

Keisdamas savo savybes valdančiosios jėgos atžvilgiu, žmogus gali judėti dvasinėje erdvėje: žmogaus ir valdančiosios jėgos savybių skirtumas atitolina juos vieną nuo kito, o jų savybių panašumas – suartina. Visiškas savybių sutapimas lemia jų susiliejimą.

Iš pradžių mes savybėmis priešingi valdančiajai jėgai, todėl apskritai esame už šio lauko ir nejaučiame jos. Po pradinio pasiruošimo etapo žmogus tampa minimaliai panašus į valdančiąją jėgą, ir tai leidžia peržengti ribą tarp mūsų ir dvasinio pasaulio, pradėti jausti aukštesnįjį pasaulį.

Toliau prasideda dvasinis kelias, kai žmogus aiškiai jaučia valdančiąją jėgą (Kūrėją) ir, jausdamas savo savybių skirtingumą jos atžvilgiu, sąmoningai save taiso ir suartėja su ja savybėmis.

Šis laipsniško suartėjimo savybėmis su valdančiąja jėga (Kūrėju) kelias – tai kiekvienos iš 620 žmogaus egoistinių savybių nuoseklus ištaisymas, pakeitimas į altruistinę.

Kabaloje tai aprašoma kaip pakilimas (savo savybėmis) 620 pakopų. Kabala apibūdina šias pakopas, jų ypatybes, noro ištaisymo metodus kiekvienoje iš jų. Kildamas tomis pakopomis žmogus kiekvieną kartą naujai pajaučia Kūrėją. Žmogus privalo nuosekliai ištaisyti visus savo 620 norų, t. y. pakilti visomis 620 pakopų, būdamas žemiškame kūne, gyvendamas šiame pasaulyje.

Po to, kai žmogus baigia kopti dvasiniais laiptais, jis save visiškai tapatina su siela. Todėl nelieka būtinybės vėl grįžti į materialų pasaulį ir apsivilkti kūnu.

Žmogaus mirtis – tai kūno ar sielos mirtis?

Ne žmogus miršta, o jo biologinis kūnas. Iš pradžių mes visi jaučiame tik savo kūną – žemiškuosius norus. Po to panorstame aukštesniojo pasaulio.

Tai ne žemiškas noras, o dvasingumo pradžia – Kūrėjo troškimas. Jei žmogus išsiugdo šį norą, tai jis, be savo kūno savybių (norų), pradeda jausti ir savo sielą – Kūrėjo savybių dalį savyje.

Jeigu žmogus išsitaiso taip, kad dvasinis troškimas nuslopina kūno norus ir kūnas visiškai tapatina save su siela, tai kūno mirtį jaučia kaip išorinio apvalkalo numetimą nuo sielos. Kūnas miršta, bet žmogus jaučiasi nuo jo atitrūkęs dar gyvendamas jame.

Jei gyvename šio pasaulio norais (seksas, maistas, turtas, valdžia, žinios), tai gauname pripildymą per mūsų kūną, t. y. per mūsų kūniškuosius jutimo organus.

Mes galime dirginti savo smegenis elektriniais impulsais, siųsdami signalus per įterptus į jas elektrodus ir jausti pasitenkinimą, tarsi jis būtų gaunamas penkiais jutimo organais. Šiuo atveju tiesiogiai veikiame malonumo centrus, siųsdami į juos tokį patį signalą, koks gaunamas iš penkių jutimo organų receptorių.

Tai poveikio ne per jutimo organus, o tiesiogiai per malonumo centrus (į kuriuos ateina visi signalai) pavyzdys.

Siela, ekranas ir malonumas

Dvasinį norą gauname ne per mūsų kūną, o tiesiogiai iš aukščiau. Jam užpildyti taip pat būtinas jutimo organas. Jis vadinamas „ekranu".

Kai tik šis jutimo organas atsiranda žmoguje, jis ima jausti malonumą per šį organą. Pats malonumas vadinamas aukščiausiąja šviesa. Per ekraną šviesa įeina į mūsų norą mėgautis ja. Pats noras mėgautis aukščiausiąja šviesa ir vadinamas siela.

Šviesa, kaip malonumo šaltinis, jaučiama, tik jei žmogus įgyja papildomą jutimo organą, galintį reaguoti į šią aukščiausiąją šviesą.

Visi komponentai: šviesa (malonumas), ekranas (imtuvas) ir siela (gavėjas) – jokiu būdu nesusiję su mūsų žemiškuoju kūnu. Todėl neturi reikšmės, ar žmogus yra žemiškajame kūne ar ne.

Kai tik žmogus užmezga ryšį su aukščiausiąja šviesa, jis ima su ja kontaktuoti, taisytis taip, kad galėtų prisipildyti šia šviesa.

Laipsniškas savęs taisymas, supanašėjimas su aukščiausiąja šviesa ir atitinkamas prisipildymas ja, vadinamas dvasiniu kilimu.

Šiame visą žmogų apimančiame procese kūnui skiriamas dėmesys tik kaip priemonei dvasiškai kilti. Kitaip jis nesvarbus.

Mažas malonumas, palyginti su dideliu, visiškai nejaučiamas: jis užgožiamas didelio. Todėl, nors kabalistas ir yra tame pačiame pasaulyje kaip ir mes, bet iš principo jau gyvena aukštesniajame pasaulyje.

Kadangi mes nejaučiame jo pasaulio, tai visa jo pasaulėjauta mums neatskleista, slapta, esanti anapus, t. y. esanti kitoje ekrano pusėje.

Kai žmogus tapatina save su siela, o ne su savo žemiškuoju kūnu, tai šio kūno mirtį jis priima kaip apvalkalo pakeitimą.

Jo pojūčiai, kuriuos įgijo šiame pasaulyje, nesikeičia, o tas pasaulis, kuriame jis jau gyvena, lieka su juo ir mirus žemiškam kūnui. Užbaigti savo žemiškąjį kelią taip, kaip sumanyta aukščiausios valdančios jėgos (t. y. visiškai prilygti jai), gali ir turi kiekvienas iš gyvenančiųjų Žemėje.

Kuo grindžiama kabala?

Kabala naudojasi tik tiksliais, patirtimi patikrintais duomenimis. Neatsižvelgiama į jokias teorijas ir spėliojimus.

Visa tai, kuo grindžiama kabala kaip mokslas, mes žinome iš tų žmonių, kurie per tašką širdyje, per sielą, asmeniškai patyrė aukštuosius pojūčius, t. y. juos įsisąmonino, patikrino, pamatavo ir aprašė. Jų tyrinėjimų visuma ir sudaro kabalos mokslą.

Kabala, kaip ir bet kuris mokslas, turi savo tikslų tyrimo aparatą: matematines, fizikines priemones, grafikus, schemas, lenteles.

Užuot kalbėję apie jausmus ir išgyvenimus, kabalistai operuoja vektoriais, norų traukos jėgomis, slopinimo jėgomis: jų santykis įvertinamas skaičiais, o norai ir jų pripildymas nustatomi dydžiais. Taip kabalistai aprašo jų jaučiamą aukščiausiąjį valdymą.

Mūsų pasaulyje negalime išmatuoti nei vidinių pastangų, nei subjektyvių žmogaus pojūčių, o tuo labiau tiksliai palyginti dviejų skirtingų žmonių pojūčių, įspūdžių.

Galima tik užjausti psichologus ir psichiatrus dėl jų bejėgiškumo, nes jie neturi galimybės naudoti tikslius žmogaus dvasinius parametrus.

Kabalos istorija ir jos kalba

Viską, ką žinome apie aukštesnįjį pasaulį dar iki įeidami į jį, gauname iš žmonių, kurie asmeniškai jį ištyrė.

Jie mums aprašė savo kelią, savo pojūčius, savo išvadas, savo rekomendacijas, kurios mums siūlomos tam, kad praeitume tą patį kelią. Jų kelionių aukštesniajame pasaulyje aprašymai – tai kabalistinių knygų temos.

Žmogaus kelio, suvokiant aukščiausią valdančią jėgą, pradžia yra ta, kad jis ima savęs klausti apie gyvenimo prasmę, kančias, pasaulio priežastį, likimą ir atsitiktinumą. Šių klausimų aiškinimasis atveda prie būtinybės atverti aukščiausiąją jėgą.

Savo įspūdžius, jai atsivėrus, pirmasis kabalistas aprašė knygoje „Sukūrimo knyga" maždaug prieš 3700 metų. Joje jis jau vartojo kabalistinę kalbą. Šią knygą ir šiandien studijuoja kabalistai.

Aukštesniajam pasauliui aprašyti taip pat naudojamos pasakojimų, metaforų kalbos. Kabalistui nesvarbu, kokia kalba parašyta knyga apie aukštesnįjį pasaulį. Juk bet kuriuo atveju skaitydamas jis jaučia autoriaus aprašymą taip, kaip muzikantas, žvelgdamas į gaidas, girdi muziką.

Žemiškieji ir dvasiniai jutimo organai

Mes gimstame su penkiomis juslėmis: rega, klausa, uosle, skoniu ir lytėjimu. Jomis gauname į save kaip į juodąją dėžę tam tikrą informaciją.

Informacija ateina į smegenis, apdorojama ir pateikiama kaip bendras mus supančio pasaulio vaizdas. Šie pojūčiai vadinami „šiuo pasauliu" arba „mano pasauliu". Iš tikrųjų aš nežinau, kas egzistuoja ne manyje. Aš tik fiksuoju savo reakciją į kažkokį išorinį poveikį.

Mūsų klausos organas sudarytas taip, kad membrana atskiria išorinę aplinką nuo vidinės. Membrana gali būti mažiau ar daugiau jautri, sveika ar pažeista.

Priklausomai nuo to garsą girdime stiprų, silpną, aukštą, žemą arba jo visai negirdime. Kokį garsą aš išgirsiu priklauso ne nuo to, koks jis yra iš tikro, o nuo to, koks yra mano priėmimo organas, kitaip tariant, tai priklauso nuo mano savybių.

Aš jaučiu ne išorinius svyravimus, o savo juslės reakciją į juos. Aš kažką jaučiu viduje ir sakau, kad tai išorinis garsas. Tas pats ir su visais kitais mūsų pojūčiais.

Taigi tampa aišku, kad mes absoliučiai uždara sistema: kiekvienas iš mūsų jaučiame savo vidines reakcijas į išorinį, mums nežinomą poveikį. Ir niekada negalime objektyviai pajausti to, kas vyksta ne mumyse.

O visa tai, ką jaučiame, yra tik dėl to, kad mūsų jutimo organai, laidininkai, smegenys, suvokimo centrai būtent taip apdorojo ir pateikė mums informaciją. Kokia ji ne mumyse, mes nežinome. Esame uždaryti savyje.

Ką man duoda papildomas, sąmoningai įgyjamas jutimo organas – ekranas? Jis leidžia man gauti informaciją ne per mano įgimtas penkias jusles į mano egoistinius norus (t. y. viską, kas vyksta, suprasti tik su nauda sau – neobjektyviai), o tiesiogiai ir objektyviai. Tokiu būdu aš suvokiu tikrą, nesugadintą mano išskaičiavimų, absoliučią, objektyvią pasaulio sandarą. Būtent tokį suvokimą padeda pasiekti kabalos mokslas.

Kaip ir kiti mokslai, kabala naudoja pakartotinius bandymus, fiksuoja duomenis, atkartoja rezultatus ir t. t.

Kabala neturi jokio ryšio su religija. Nė viena religija nemoko kabalos, juk ji atskleidžia žmogui tikrąjį pasaulį, kuriame bendra valdanti jėga nori tik vieno – kad žmogus taptų panašus į ją.

Sielos gematrija

Jei du kabalistai perskaitys vieną ir tą patį aukštesniojo pasaulio aprašymą, tai pajus tam tikrą jo paveikslą. Bet kaip jie galės palyginti savo pojūčius? Juk abiejų pojūčiai yra jų sielos viduje ir atitinka jų vidines savybes.

Jeigu vienas kabalistas dvasiniu suvokimu didesnis už kitą (šitai kabaloje reiškia, kad jo „ekranas" didesnis), tai, žinoma, jam atsiveriantys vaizdai bus kitokie, nes jis geriau supranta, kas vyksta.

Sielos kokybė – tai jos savybių visuma. Mūsų pasaulyje kiekvieno žmogaus charakterį sudaro visas gerų ir blogų savybių rinkinys, bet kiekviename tos savybės yra skirtingų proporcijų.

Studijuojant kabalą, galima tiksliai sužinoti sielos konstrukciją, jos norų rinkinį, tiksliai aprašyti ir suformuluoti jos struktūrą.

Kabala sako, kad Kūrėjas sukūrė vieną konstrukciją, vieną norą – sielą, vadinamą „Adomu". Bet joje galima išskirti 600 000 dalių – fiksuotų struktūrų, atskirų sielų.

Kiekvienoje sieloje (ir bendroje, ir atskiroje) yra 620 vidinių dalių, atskirų norų. Jų derinys nulemia sielos struktūrą.

Kiekviena tam tikra sielos struktūra arba kiekviena atskira siela gauna savo pavadinimą pagal pagrindinę, būdingą tik jai, savybę. Pavadinimas išreiškiamas skaičiais – kiek savybių siela ištaisė ir kiek prisipildė. Tokia skaitinė sielos reikšmė vadinama jos gematrija.

Suvokimas tampa absoliutus

Po išsitaisymo visos sielos susijungia į vieną bendrą sielą („Adomą"). Tada tarp jų susikuria tarpusavio ryšys kaip vientisoje sistemoje.

Ši bendros sielos konstrukcija sujungia visas sielas taip, kad galiausiai kiekviena iš jų jaučia tai, ką jaučia visos. Tada suvokimas tampa absoliutus.

Ši būsena vadinama „galutiniu išsitaisymu".

Taip bendra siela, kūrinys, savybėmis ir prisipildymu tampa lygi bendrai valdančiai jėgai, Kūrėjui.

Šią būseną visos sielos turi pasiekti ne vėliau nei per 6000 metų nuo sąlyginio taško „pasaulio sukūrimas", t. y. nuo tada, kai žmoguje prabudo aukštesniojo pasaulio siekimas (taip skaičiuojant 2007 metai atitinka 5767 metus). Bet mūsų pastangos gali daug kartų sutrumpinti šį terminą.

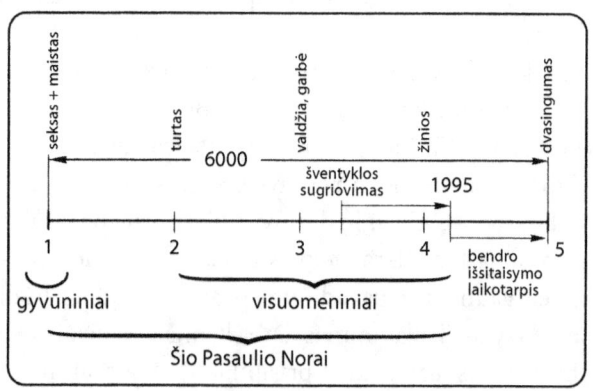

Kabala – mokslas patirti malonumą

Kabala malonumą aiškina, kaip prisipildymą bet kokia forma: materialia, moraline, intelektualine, fizine.

Beje, omenyje turimas absoliutus malonumas (prisipildymas), kuris nepraeina, yra amžinas, tobulas.

Malonumas jaučiamas tik tada, kai noras yra labai stiprus (kada aišku, ko nori) ir nėra to, ko trokštama.

Patiriamas malonumas tučtuojau sumažina norą, o tai savo ruožtu mažina ir patį malonumą.

Maksimalus malonumas patiriamas, kai trokštamas dalykas pirmąkart susiliečia su norinčiuoju, panašiai kaip pirmas maisto kąsnis pajuntamas burnoje.

Bet paskui alkis dingsta, noras sumažėja, kyla sotumo jausmas. Ir sulig kiekvienu kąsneliu jau nejaučiamas toks malonumas, koks buvo pradėjus valgyti.

Dėl to gurmanai pietų pabaigai palieka pačius skaniausius patiekalus, kad sumažėjusį norą sužadintų didesniu malonumu.

Jeigu imsime tyrinėti malonumus, kuriuos mums teikia žinios, valdžia, turtas, tai pamatysime, kad jie visi mažėja gaunant tai, ko norima. Neretai žmogus dirba dešimtis metų, kad įgytų, ko nori, bet kai pasiekia, malonumo pojūtis išblėsta.

Būtent šio pojūčio išnykimas verčia mus ieškoti naujų malonumų. Reklama, mada ir t. t. suteikia mums naujus norus, mes pradedame jų vaikytis ir tai užvaldo mus, nes nujaučiame gausiantys malonumą.

Gavę, ko geidėme, vėl jaučiame poreikį lakstyti paskui naują malonumą. Ir šis procesas begalinis. Todėl žmogus niekada nesimėgauja: jis nuolatos ieško.

Kabala moko žmogų, kaip patirti neišnykstančius (amžinus, absoliučius, tobulus) malonumus, kurie atsiskleidžia kaip pastovus mėgavimasis ir ramybė. Todėl šis metodas ir vadinamas „mokslas gauti".

Šios technikos „kaip gauti" mokomės iš pačios aukščiausios jėgos. Ji leidžia vienu metu jausti norą ir malonumą, kad jie negesintų vienas kito. Kadangi nėra atotrūkio tarp norų ir jų pripildymo, mus apima nuolatinė ramybė ir mėgavimasis.

ŠEŠTASIS POJŪTIS

Kabala kalba, kad galima įgyti vadinamąjį šeštąjį jutimo organą, kuriuo įmanoma pajusti tikrovę, esančią už mūsų. Jeigu žmogų palygintume su uždara dėžute, į kurią patenka informacija tik iš išorės ir tik ta, kurią galime pajusti, tai kabala kalba, jog galima išmokti matyti, girdėti informaciją, kuri yra už mūsų, kuri gali peržengti mus varžančių jutimo organų ribas.

Jeigu žmogus išgyveno kokį nors sukrėtimą, jis gali suprasti kitą, patyrusį analogišką sukrėtimą, nes įgijo atitinkamus išgyvenimus, pojūčius, sugebėjimus. Jame jau yra viskas, kas būtina, kad suprastų kito žmogaus jausmus. Ir atvirkščiai, žmogus, pats nepatyręs nieko panašaus, nesupranta kito, yra kurčias jo sielvartui. Skirtumas tarp žmonių, rūšių, visų būtybių, visko, kas egzistuoja, – tai vien gebėjimas pajusti vieną ar kitą išorinį poveikį, tą patį išoriškumo, nežinomumo fragmentą...

Išorinio, įprastu būdu mums nesuvokiamo pasaulio tyrinėjimas paremtas vidinių savybių ir išorinių reiškinių panašumu. Jeigu savo viduje sukursime tam tikras savybes, kurių nuo gimimo neturime, vadinamąsias aukščiausias, dvasines savybes, tai jomis galėsime suvokti, apčiuopti aukštesnįjį, dvasinį pasaulį – išorinį, amžiną, atviresnį, platų pasaulį, kuris neprieinamas „paprastiems" žmonėms, neįgijusiems gebėjimo jį jausti.

Kabala ir yra metodika, vystanti šias papildomas žmogaus savybes, kuriomis jis pajunta dar ir išorinį, dvasinį pasaulį ir jaučia jį taip, kaip šiandien jaučiame mūsų pasaulį. Žmogus gauna visiškai kitos apimties informaciją, kaip papildymą prie to mažyčio fragmento, kuris „pagaunamas" mūsų juslėmis. Mes gimstame, jaučiamės esantys kažkokiame biologiniame baltyminiame kūne, egzistuojame jame kurį laiką, o po to išnykstame.

Šiame pasaulyje, t. y. šiame būvyje, skirtingose situacijose patiriame tam tikrus reiškinius, įvykius, visiškai nežinodami ir nesu prasdami, iš kur jie ateina, susiduriame su jais akis į akį, dažnai būdami nepasiruošę nemaloniam, o kartais ir tragiškam jų poveikiui. Viskas pas mus ateina iš išorės. O mums atrodo, kad vyksta atsitiktinai ir nelauktai, vien dėl to, kad iš visos pasaulių sistemos matome tik fragmentą. Staiga scenoje pasirodo kažkas, ko nesitikėjome, nes mes nematome, kas vyksta užkulisiuose.

Kaip reaguoti į „atsitiktinumus", kaip teisingai elgtis, nežinant, nematant viso vaizdo? Kaip viską suvokti? Nežinome savo poelgių pasekmių, aiškiai nematome, kur nuves mūsų poelgiai, t. y. niekaip neapčiuopiame nei priežasties, nei pasekmės to, kas su mumis vyksta. Mes, homo sapiens, tokie išmintingi, protingi, aukščiausioji kūrinijos pakopa, apskritai kalbant, esame visiškai atitrūkę nuo tikrovės, tiesos, realybės tarsi akli kačiukai. O tai, kad puikuojamės esą protingi, tik byloja apie niekingą mūsų išsivystymo lygį, nes nesuvokiame net savo tikrosios būsenos!

Vis dvasingiau, vis giliau pajausdamas tikrąjį pasaulėvaizdį, žmogus pradeda regėti visko, kas su juo „atsitinka", priežastis ir pasekmes, suvokia, kaip reikia reaguoti į tai, kas vyksta, tampa protingu (!) bei aktyviu pasaulių sistemos elementu. Todėl kabala kviečia žmogų: „Tapk žmogumi!" – atmerk akis ir tada galėsi elgtis ne kaip aklas kačiukas.

Žinoma, tokiu atveju bet koks auklėjimas tampa nebereikalingas. Nes jis reikalingas tik tam, kad užpildytų tai, ko žmogus nemato, o jeigu iškart aiškiai mato nepageidaujamas savųjų poelgių pasekmes sau, tai tada nori nenori negalės elgtis „blogai". Ir pasidarys jam visiškai aišku, kas iš tiesų yra „gerai", o kas „blogai". Ir neliks vietos kažkokioms kvailoms teorijoms, filosofijoms, viskas taps taip akivaizdu, kad melas bet kokiu savo pavidalu turės išnykti, nes atsiskleis visi norai ir ketinimai.

Būtent papildomo jutimo organo įgijimas, leidžiantis išeiti į tikrąją, o ne iliuzinę tikrovę, ir yra aprašomas kabaloje: kaip šitas pojūtis vystosi, kaip pradėti teisingai veikti esant naujai informacijos apimčiai. Kabalistai sako, kad tada žmogus peržengia vietos, laiko, gyvenimo ir mirties ribas. Jis regi visą savo gyvenimą iki atsiradimo savo kūne, savo būsimą būseną po išėjimo iš šio pasaulio, kartu jausdamas, žinoma, ir savo dabartinį buvimą biologiniame kūne. Jis pasikelia į lygį, kuriame praeitis, dabartis ir ateitis yra lygiareikšmės.

Matydamas visą sujungtą valdymo sistemą ir tapdamas aktyviu jos elementu, žmogus įsijungia į bendrą pasaulių sistemą. Jis teisingai vertina savo poelgius, kurie anksčiau buvo absoliučiai chaotiški.

Ką reiškia pajusti Kūrėją dar šiame gyvenime? Ar tai reiškia, kad aš galėsiu pajausti Jo skonį, išgirsiu, pamatysiu Jį, t. y. pajusiu Jį savo penkiais jutimo organais? Juk parašyta: „Paragaukite ir pajausite, koks nuostabus Kūrėjas". Tai ką gi reiškia „Jį paragauti ir pajausti"?

Mūsų pasaulyje viską galime paragauti (patirti), pajausti savo penkiomis juslėmis. Per jas gauname informaciją. Akys – rega, ausys – klausa, nosis – uoslė, pirštai – lytėjimas, liežuvis – skonis. Ir tai viskas.

Į mūsų vidinį kompiuterį patenka informacija, ten ji apdorojama, ir gauname tam tikrą pasaulio paveikslą. Mes turime tarsi mažą projektorių, pateikiantį ekrane pasaulio vaizdą, kurį regime.

Taip jaučiame pasaulį. Tačiau yra dar vienas jutimo organas, vadinamas *kli* (indas) arba siela. Ji jaučia taip pat, kaip ir mūsų penki įgimti jutimo organai.

Mūsų juslės tokios, kad jų vidinių virpesių dažniai sutampa su išorinių virpesių dažniais ir todėl jos jaučia išorę. Pavyzdžiui, reaguojama į tam tikro dažnio regimąsias, girdimąsias bangas, uoslės, lytėjimo, skonio receptoriai reaguoja į tam tikrą dažnį.

Šie dažniai ir mano juslės sutvarkyti taip, kad būtų galima suderinti vidinį pojūtį, t. y. vidinį dažnį, savo vidinę savybę su išoriniais parametrais.

Tas pats ir sieloje: jeigu ji savo savybes, savo vidinį dažnį sulygina su išorės dažniu, tai pajaučia, kas vyksta išorėje, ir tai perduodama į žmogaus „projektorių", kuris jam nupiešia tam tikrą vaizdą.

Koks gi skirtumas? Šiame pasaulyje gimėme su jau paruoštomis vidinėmis savybėmis. Šios vidinės savybės, svyravimai iš anksto nustatyti, todėl automatiškai atsiranda pojūtis, kad esame šiame pasaulyje, jis įeina į mus per penkis jutimo organus.

O sieloje – ne. Mes turime save „suderinti". Turime išsiugdyti tą dažnį, kuris atitiks išorinį dažnį, o jis mumyse ugdomas palaipsniui. Iš pradžių žemi dažniai, po to vis aukštesni ir aukštesni, ir taip iki begalybės.

Kitaip tariant, didžiausias dažnis, kurį gali sukurti mano siela, – tai mano savybė, ir priklausomai nuo šio dažnio aš galėsiu pajusti visą vaizdą. Savaime suprantama, negalėsiu aprėpti vaizdo, didesnio nei leidžia mano maksimali savybė, didesnio nei pats aukščiausias mano dažnis.

Visiškai įmanoma, jog egzistuoja dar kažkokia erdvė, bet aš jos nepajusiu, kaip savo penkiais jutimo organais nejaučiu didelės pasaulio dalies, kurią savo uosle užuodžia šunys, savo rega mato ereliai, girdi delfinai ir kiti gyvūnai. Aš nejaučiu tokių pasaulio erdvių.

Lygiai tas pats ir dvasiniuose pasauliuose: aš nepajusiu jokios kitos pasaulio dalies, o tik tą, prie kurios galėsiu priderinti savo šeštąjį jutimo organą.

Maksimaliai jį priderinti, kiek tik leidžia mano galimybės, yra mano užduotis ir tai daryti mane verčia gamta.

Gamta sukūrė mane su penkiais jutimo organais. Ji man juos davė, kad galėčiau egzistuoti šiandien. O šeštasis jutimo organas manyje yra „užuomazgos" būsenos, kad gyvendamas jį išvystyčiau ir teisingai panaudočiau.

Jeigu imu derinti šį jutimo organą, tai reiškia, kad pradedu dirbti dvasinį darbą. Ir dėl to po truputį imu jausti kažkokius virpesius.

Štai aš juos jaučiu: plius-minus, plius-minus, ir šie pliusai-minusai, šie svyravimai palaipsniui iš išorės derina mano vidų.

Visi tie pokyčiai išorinėje, tarsi mano juntamoje erdvėje veikia mane ir teigiamai, ir neigiamai, aš randu didesnes galimybes keisti, pritaikyti save platesnės erdvės jautimui. Gamta ar Kūrėjas (o tai vienas ir tas pats) verčia mus maksimaliai išvystyti šį jutimo organą. Ir tai yra žmogaus užduotis. Kai jį maksimaliai išvystysime (tai vadinasi „galutiniu ištaisymu", *gmar tikun*) – galėsime apčiuopti išorinę erdvę, kuri vadinasi Kūrėju.

Kodėl Kūrėju? Nes būtent šią erdvę Jis sukūrė. Ir mane – tik kaip organą Jį jausti. Tai kas gi tada žmogus? Paprasčiausiai jaučiantis Kūrėją. Ir visa gamta, gamtos dėsnis, kuris egzistuoja šioje sistemoje, vadinasi Kūrėju. Ir Jis priverčia žmogų visiškai atskleisti Jį, apglėbti Jį.

Būtent tai ir reiškia: „Paragaukite ir pajausite, koks nuostabus yra Kūrėjas!". Kitaip tariant, visiškai atverkite savo jausmus, kad pajustumėte visų pasaulių skonį.

Kodėl kalbama apie skonį? Todėl, kad tai pats natūraliausias, pats primityviausias žmogaus receptorius. Jūs matote, kaip kūdikis viską, kad ir kas jam pakliūtų, iš karto deda į burną. Kodėl? Taip jis lengviausiai, geriausiai, tiesiogiai susipažįsta su kiekvienu daiktu. Jis dar nesupranta, ką mato, bet iškart, net nematydamas, kiša burnon. Ir tai žinodami kabalistai sako: „Paragaukite ir pajausite!"

Be to, omenyje turimas darbas su ekranu, nes ekranas yra *pe de roš* (galvos burnoje), dvasinio *parcufo* galvoje, dėl to ir sakoma – paragaukite. Ir dar dėl to, kad šviesa, kuri įeina per *pe de roš*, per šį ekraną į vidų, vadinama *taamim* – „skoniais".

Todėl – paragaukite, paimkite į save, perleiskite per šį savo jutimo organą Aukščiausiąją šviesą ir priklausomai nuo savo ekrano, priklausomai nuo to, kiek yra pritaikytas jūsų šeštasis jutimo organas išorei, gaukite į savo vidų Kūrėjo Šviesą. Tai ir yra Kūrėjas, vidinė šviesa, kurią mes suvokiame, jaučiame.

VALIOS LAISVĖ

Ar yra valios laisvė?

Vienoje senovinėje maldoje sakoma: „Dieve! Duok man jėgų savo gyvenime pakeisti tai, ką galiu pakeisti, duok man vyriškumo priimti tai, kas ne mano valioje pakeisti, ir duok man išminties atskirti vieną nuo kito".

Kam būtent savo gyvenime mes galime daryti įtaką? Ar pakanka mums skirtos veiksmų laisvės tam, kad keistume savo gyvenimą ir likimą?

Kodėl žmogus natūraliu keliu, iš prigimties negauna šio supratimo?

Nepaisant to, kad mūsų prigimties esmė yra tingumas ir sveikas egoizmas (noras maksimaliai gauti minimaliai stengiantis), kodėl mes, skirtingai nei gyvūnai, elgiamės neapgalvotai ir neefektyviai?

Galbūt mes veikiame ten, kur viskas užprogramuota iš anksto ir mūsų dalyvavimas turi būti kur kas pasyvesnis?

Galbūt daugeliu gyvenimo atvejų „šaukštai jau po pietų", o mes manome, kad įvykių eiga priklauso nuo mūsų?

Galbūt mums apskritai reikia pertvarkyti savo gyvenimą ir nežiūrėti į jį taip, tartum mes kažką sprendžiame? Gal leisti jam tekėti sava vaga, o patiems atsiriboti ir veikti tiktai tose sferose, kurios pasiduoda mūsų įtakai?

Neapgalvotai elgiasi vaikai, nes jie vystosi (taip yra gamtos sutvarkyta) nesąmoningai arba veikiami instinktų.

Suaugęs žmogus užsibrėžia tikslą, ir noras jį pasiekti suteikia jam energijos judėti tikslo link.

Akivaizdu, kad siekdami tikslo mes klaidingai nustatome būtent savo galimybių ribas. Tai reiškia, kad mes norime pasiekti tai, kas neįtikėtina, arba pakeisti tai, kas mums nepavaldu.

Gamta neduoda mums informacijos apie tai, kurie mūsų veiksmai iš tiesų laisvi, o kurie tiktai laisvės iliuzija. Gamta leidžia mums klysti – tiek kiekvienam žmogui, tiek ir visai žmonijai. Jos tikslas – kad mes nusiviltume savo gebėjimu kažką pakeisti šiame gyvenime, pakeisti save pačius, kad pasijustume visiškai pasimetę, neturėtume krypties, nežinodami „kaip toliau gyventi?". Ir tada, stabtelėję, galėtume nustatyti, kam iš tikrųjų mes galime daryti įtaką.

Laisvės esmė

Bendru požiūriu laisvę galima priskirti gamtos dėsniui, kuris persmelkia visas gyvenimo puses. Mes matome, kad gyvūnai nelaisvėje kenčia. Ir tai liudija, kad gamta nesutinka su jokio kūrinio pavergimu. Ir neatsitiktinai žmonija šimtmečius kariavo, kol nepasiekė tam tikro asmens laisvės lygio.

Bet kuriuo atveju laisvę mes suprantame labai miglotai, ir jeigu įsigilinsime į jos turinį, tai iš mūsų supratimo beveik nieko neliks. Juk prieš reikalaudami asmens laisvės, mes turime padaryti prielaidą, kad kiekviena asmenybė jos siekia.

Bet prieš tai derėtų įsitikinti, ar gali asmenybė veikti laisvu noru.

Mūsų gyvenimas – tarp malonumo ir kančios

Išanalizavę žmogaus veiksmus, mes pastebėsime, kad jie visi neišvengiami ir buvo atlikti verčiant aplinkybėms. Juk vidinė žmogaus prigimtis ir išorinės aplinkybės priverčia žmogų veikti pagal jame esantį elgesio algoritmą.

Nes gamta patalpino mus tarp malonumo ir kančios. Ir neturime mes valios laisvės rinktis kančią ar atstumti malonumą. O visas žmogaus pranašumas gyvūnų atžvilgiu yra tas, kad žmogus sugeba matyti tolesnį tikslą ir todėl yra pasiruošęs susitaikyti su tam tikra kančios porcija, ateityje matydamas atlygį.

Bet iš tiesų – tai ne kas kita, o išskaičiavimas, kai įvertinę naudą mes suprantame, kad ji pranašesnė už skausmą, ir sutinkame iškentėti skausmą dėl būsimo malonumo. Taip mes ryžtamės chirurginei operacijai ir dar mokame už ją didžiulius pinigus arba esame pasirengę daug dirbti tam, kad įgytume pelningą specialybę. Ir viskas priklauso nuo išskaičiavimo, kai atėmę kančią iš laukiamo malonumo, mes gauname tam tikrą teigiamą likutį.

Tokie jau mes esame. O mūsų supratimu neapdairūs ir nepraktiški (romantikai ar tie, kurie aukojasi kitiems) – tai tiesiog žmonės su ypatingu išskaičiavimu, kuriems ateitis atrodo kaip dabartis, ir taip aiškiai, kad jie jau šiandien pasiryžę dėl jos ištverti kitiems neįprastas kančias, ką mes suvokiame kaip auką, žygdarbį.

Bet iš tiesų ir šiuo atveju organizmas sąmoningai ar nesąmoningai atlieka išskaičiavimą. Psichologams žinoma, kad galima pakeisti bet kurio žmogaus prioritetus, įpratinti jį išskaičiuoti taip, kad didžiausias bailys taps didvyriu. Kiekvieno žmogaus akyse galima taip išaukštinti ateitį, kad dėl jos žmogus bus pasiryžęs susitaikyti su bet kokiomis netektimis.

Iš to galime daryti išvadą, kad nėra skirtumo tarp žmogaus ir gyvūnų. O jeigu taip, tai laisvas, protingas pasirinkimas neegzistuoja.

Kas lemia mūsų malonumus?

Maža to, kad mes neturime laisvo pasirinkimo, nesirenkame patys ir malonumo pobūdžio. Tai vyksta ne mūsų laisva valia ir noru. Mes nesirenkame mados, gyvenimo būdo, pomėgių, maisto ir panašiai – visa tai „pasirenkame" priklausomai nuo supančios visuomenės norų ir skonio. Ir ne geriausios jos dalies, o daugumos.

Mums juk patogiau elgtis paprastai, niekuo savęs neapsunkinant, tačiau visą mūsų gyvenimą kausto visuomenės sąlygojamas skonis ir manieros, kurie tampa elgesio ir gyvenimo taisyklėmis. O jeigu taip, tai sakykite, kur gi mūsų laisvė? Ir jei taip, tai, pasirodo, nėra mums nei atlygio, nei bausmės už mūsų veiksmus.

Ir visgi, kodėl kiekvienas jaučiasi individu? Ką ypatingo turi kiekvienas iš mūsų? Kokią savo savybę mes vis dėlto galime laisvai keisti? Jeigu ji egzistuoja, mes būtinai turime ją išskirti iš visų kitų savybių, vystyti tik ją, nes likusios nori nenori bus realizuotos.

Keturi faktoriai

Kiekvieno kūrinio vystymąsi lemia keturi faktoriai:

1. Pagrindas (esmė) – tai pirminė tam tikro kūrinio medžiaga, iš kurios jis kilo. Nekintančios pagrindo savybės – tai kūrinio vystymosi tvarka. Pavyzdžiui, iš supuvusio žemėje kviečio grūdo atsiranda naujas tos pačios rūšies kviečio daigas. Grūdas supūna – išorinė forma visiškai išnyksta, panašiai kaip mūsų kūnas suyra žemėje, bet esmė lieka ir duoda naują atžalą, panašiai kaip mūsų siela priverčia gimti naują kūną, kad juo apsivilktų.

2. Nekintančios pagrindo savybės. Pagrindas (šiuo atveju grūdo) niekada neįgis kitų javų formos, pavyzdžiui, avižos, o tik ankstesnę, kurią prarado, t. y. kviečio, formą. Galimi tam tikri naujos atžalos kiekybės bei kokybės pakitimai, kurie priklauso nuo supančios gamtos (nuo dirvos, trąšų, drėgmės, saulės), tačiau kviečio formos pagrindas (pirminė esmė) nė kiek nesikeičia.

3. Savybės, kintančios dėl išorinių jėgų poveikio. Veikiamas išorinių faktorių kokybiškai keičiasi esmės apvalkalas – grūdas lieka grūdu, tačiau jo išorinė forma kinta ir priklauso nuo supančios aplinkos. Papildomi išoriniai faktoriai prisijungę prie esmės ir kartu su ja davė naują kokybę dėl supančios aplinkos poveikio. Tai grūdo atžvilgiu gali būti saulė, žemė, trąšos, drėgmė, lietus; arba visuomenė, grupė, knygos, Mokytojas – žmogaus atžvilgiu.

4. Išorinių jėgų kaita. Žmogui būtina aplinka, kuri evoliucionuoja ir nuolatos daro įtaką žmogaus vystymuisi. O besivystydamas žmogus veikia aplinką, skatindamas ją augti, kuri savo ruožtu vėl daro žmogų tobulesnį. Tokiu būdu žmogus ir jo aplinka auga lygiagrečiai.

Šie keturi faktoriai visiškai nulemia kiekvieno kūrinio būseną. Ir net jei žmogus dienų dienas tyrinės, vis tiek nieko negalės pakeisti ar pridurti prie to, ką jam suteikia šie keturi faktoriai. Kad ir ką mes veiktume, galvotume, kad ir ką darytume, išradinėtume, – viskas priklauso nuo šių keturių faktorių. Ir bet koks papildymas, kurį tik galės rasti žmogus, bus vien kiekybinis, nustatytas didesnio ar mažesnio proto, tuo tarpu kokybiškai čia nėra ko pridėti. Juk šie faktoriai neišvengiamai nustato mūsų charakterį, mąstymo bei išvadų formą.

- Savo esmės žmogus pakeisti negali.
- Dėsnių, dėl kurių kinta jo esmė, žmogus pakeisti negali.
- Savo vidinių savybių kitimo dėsnių (dėl išorinio poveikio) žmogus pakeisti negali.
- Aplinką, nuo kurios yra visiškai priklausomas, žmogus gali pakeisti!

Jeigu žmogus šią akimirką gali veikti jį supančią aplinką, jis sukuria kitą savo būseną. Vienintelis dalykas, kuriam gali daryti įtaką aplinka, – tai kokybė ir kiekybė, kitaip tariant, to kelio, kurį nueis žmogus, greitis ir kokybė: nueis jį žmogus skausmingai, bijodamas, kankindamasis, per kruvinų karų tūkstantmečius ar ramiai, patogiai, nes pats siekia tikslo.

Dėl šios priežasties kabalistai kviečia atidaryti informacijos ir mokymo centrus, kad suformuotų grupes, t. y. aplinką norintiems pasiekti kūrimo tikslą.

Pasirinkimo laisvė

Nors ir ne mes lemiame savo esmę, kuo ir kaip gimti, bet mes galime daryti įtaką trims pirmiesiems faktoriams rinkdamiesi savo aplinką, t. y. draugus, knygas, Mokytoją. Tačiau pasirinkus aplinką kitą mūsų būseną jau nulemia tai, ką gali duoti aplinka.

Iš pradžių egzistuoja laisvė pasirinkti tokių Mokytojų, knygų ir draugų aplinką, kurie skatintų geras mintis. Ir jei žmogus nepadarys šito, o bus pasiruošęs patekti į bet kurią atsitiktinę aplinką, skaityti bet kokią atsitiktinę knygą, tai, žinoma, pateks į blogą aplinką arba leis laiką, skaitydamas bevertes knygas (jų daugiau ir jos žymiai mielesnės), kol galiausiai būtinai įgis blogą išsilavinimą ir dėl to ims neteisingai elgtis gyvenime.

Todėl yra aišku, kad atlygį ar bausmę žmogus gauna ne už blogas mintis bei poelgius, kurių jis negali rinktis, o už tai, kad nepasirinko geros aplinkos, nes visada yra galimybė pasirinkti, o teisti ir bausti žmogų reikia taip, kad jis suprastų, jog jį teisia ne už patį poelgį, o už neteisingos aplinkos pasirinkimą.

Todėl besistengiantis savo gyvenime ir kiekvienąsyk besirenkantis geresnę aplinką nusipelno sėkmės ne už geras mintis (jos kyla žmogui savaime), o už pastangas kaskart renkantis geresnę aplinką, teikiančią jam šias mintis. Tas, kuris kiekvieną kartą renkasi geresnę aplinką, gauna atlygį – savo kitą, geresnę, pažangesnę būseną.

Knyga „Zohar" (*zohar* – švytėjimas) pateikia pavyzdį apie neturtingą išminčių, kuriam turtuolis pasiūlė persikelti pas jį. Ir išgirdo neigiamą atsakymą: „Aš jokiu būdu negyvensiu vietoje, kurioje nėra išminčių!" „Betgi tu – pats didžiausias kartos išminčius! – sušuko turtuolis. – Pas ką gi tau dar mokytis!?" Ir išgirdo atsakymą, kad net jei toks didelis išminčius gyvens tarp tamsuolių, tai pats greitai taps panašus į juos.

Todėl reikia elgtis vadovaujantis žinomu nurodymu: „Pasidaryk Mokytoją ir nusipirk draugą". Kitaip tariant, sukurk sau aplinką, nes tik aplinkos pasirinkimas gali atnešti žmogui sėkmę. Juk po to, kai išsirinko aplinką, jis yra atiduotas į jos rankas kaip molis į skulptoriaus rankas. Mes esame egoistinės prigimties nelaisvėje. Išsivaduoti iš jos – reiškia išeiti iš mūsų pasaulio jautimo į aukštesnįjį pasaulį.

Kadangi esame absoliučiai valdomi šio pasaulio, tai būdas ištrūkti iš jo valdžios – tik sukuriant aplink save dirbtinę aplinką, grupę, siekiančią kartu išsivaduoti iš mūsų prigimtinės egoistinės aplinkos ir patekti į aplinkos, kuri vadovaujasi aukštesniojo pasaulio dėsniu, valdžią.

Nebepriklausyti nuo egoistinės aplinkos, ištrūkti iš jos ir išryškinti savyje atidavimo (altruistinę) savybę yra būtent tai, ką mes galime laisvai realizuoti, o pati atidavimo savybė – tai valios laisvė.

Kitų trijų faktorių neutralizavimas

Žmogus veikia automatiškai, priklausomai nuo vidinių faktorių, kuriuos gavo iš prigimties, ir tėra mechanizmas, perduodantis jų reakcijas į išorės poveikį.

Jei žmogus nenori būti valdomas gamtos, jis turi atiduoti save į supančios aplinkos, kurią pats pasirinko, valdymo rankas. Tai reiškia, kad jis turi pasirinkti Mokytoją, grupę, knygas tam, kad jie diktuotų jam, ką turi daryti, nes žmogus visada yra šių keturių parametrų rezultatas.

Proto valdžia kūnui

Žmogaus protas yra gyvenimo situacijų pasekmė, tų įvykių ir aplinkybių, kurie veikia žmogų, atspindys. Teisingas proto naudojimas – tai artėjimas prie to, kas naudinga, ir atitolimas nuo to, kas žalinga.

Žmogaus vaizduotė naudojasi protu taip, kaip akys mikroskopu: po to, kai su mikroskopu žmogus aptiko jam kenkiančius smulkiausius organizmus, jis pradėjo šalintis šio kenkėjo. Tokiu būdu mikroskopas, o ne jutimas leidžia žmogui išvengti žalos ten, kur kenkėjas (mikrobas, bakterija, virusas) nėra jaučiamas.

Matome, kad kai kūnas nepajėgus nustatyti, kas žalinga, o kas naudinga, atsiranda proto būtinybė, ir tada protas visiškai valdo žmogaus kūną (t. y. žmogaus norus), leisdamas išvengti blogio ir artėti prie gėrio.

Ir tiek, kiek žmogus supranta, jog protas yra gyvenimiško patyrimo pasekmė, jis pasiruošęs priimti kito žmogaus, kuriuo pasitiki, protą ir išmintį kaip įstatymą.

Panašiai kaip žmogus klausia gydytojo patarimo ir jį vykdo, nors ir neišmano medicinos, jis pasitiki gydytojo žiniomis. Tokiu būdu žmogus naudojasi kitų protu, o tai gelbsti ne mažiau nei jo paties protas.

Du valdymo keliai

Yra du valdymo keliai, kurie garantuoja, kad žmogus pasieks kūrimo tikslą:

- kančių kelias,
- kabalos (šviesos) kelias.

Kabalos kelio esmė – pasikliauti išminčių, jau suvokusių kūrimo tikslą, protu kaip savo paties gyvenimo patirtimi. Tačiau kaip aš galiu būti tikras, kad protas, kuriuo aš dabar pasirengęs pasikliauti, ir yra tas tikrasis? Bet, antra vertus, nesinaudodamas išminčiaus protu kaip gydytojo patarimu, aš pasmerkiu save ilgam kančių keliui kaip ligonis, kuris atsisako gydytojo patarimo ir pradeda pats studijuoti mediciną, – bet jis juk serga, ir liga gali jį pribaigti anksčiau nei suspės pats įgyti išminties.

Toks yra kančių kelias, palyginti su kabalos keliu: tas, kuris netiki išmintimi, kurią kabala jam pataria priimti, gali bandyti, patyręs kančias, pasiekti šią išmintį pats. Tačiau yra patirtis, kuri suteikia galimybę žymiai greičiau pajausti blogį ir atsiriboti nuo jo einant geros, žadinančios teisingas mintis ir darbus aplinkos link.

Sekti dauguma

Visur, kur kyla nesutarimas tarp individo ir daugumos, mes privalome priimti sprendimą, atitinkantį daugumos norus. Bet šis įstatymas grąžina žmoniją atgal, juk dauguma –

neišsivysčiusi, o išsivysčiusių žmonių visad būna negausi mažuma.

Tačiau jei jau gamtos mums skirta gyventi visuomenėje, tai turime vykdyti visus visuomenės įstatymus, priešingu atveju gamta nubaus mus nepriklausomai nuo to, suprantame jos dėsnių prasmę ar ne. Todėl įstatymas paklusti bendro žmonių egzistavimo taisyklėms – vienas iš natūralių gamtos dėsnių, ir mes privalome jo laikytis itin skrupulingai, visiškai nepaisydami savo supratimo.

Šio dėsnio prasmė – išvystyti mūsų suvokimą:
- meilę sau kaip blogį ir
- meilę kitam kaip gėrį,

nes tai – vienintelis būdas pamilti Kūrėją.

Bet dauguma neturi jokios teisės pakeisti individo nuomonę jo santykiuose su Kūrėju, o kiekvienas gali elgtis taip, kaip mano esą teisinga. Tai ir yra jo asmens laisvė. Tai reiškia, kad žmogaus santykius su Kūrėju reguliuoja pats žmogus, tuo tarpu kiti elgesio įstatymai reglamentuojami taisykle „sekti dauguma".

Visuomenės gyvenime veikia įstatymas –
mažuma paklūsta daugumai

Tačiau kuo remdamasi dauguma prisiėmė teisę pažaboti asmens laisvę ir atimti iš jo patį brangiausią, ką jis turi gyvenime, – jo laisvę? Juk iš pirmo žvilgsnio tai – ne kas kita, o prievarta?

Kadangi gamta įpareigojo mus gyventi visuomenėje, tai, savaime suprantama, kiekvienas jos narys turi tarnauti visuomenei, rūpintis jos egzistavimu ir prisidėti prie jos klestėjimo.

O šitai įmanoma įgyvendinti vien laikantis įstatymo „mažuma paklūsta daugumai", tai reiškia, kad kiekvienas negali elgtis kaip panorėjęs, jis privalo paklusti tam įstatymui, kuris priimtas toje visuomenėje.

Bet visiškai aišku, kad visais tais atvejais, kurie neliečia materialių visuomenės gyvenimo interesų, dauguma neturi jokios teisės ir pagrindo kokiu nors lygiu ar forma varžyti individo laisvės. Ir tie, kurie tai daro, – nusikaltėliai, teikiantys pirmenybę jėgai, o ne teisingumui. Juk šiuo atveju gamta neįpareigoja asmenybės paklusti daugumos norams.

Dvasiniame gyvenime veikia įstatymas,
pagal kurį dauguma seka asmenybe

Bet kurios kartos asmenybės yra labiau išsivysčiusios nei masės. Ir jeigu visuomenė suvokia, kad būtina atsikratyti kančių ir pradėti vystytis pagal gamtos dėsnius, o ne savo noru, ji privalo paklusti individui ir vykdyti jo nurodymus.

Taigi dvasinio vystymosi požiūriu daugumos teisė tampa jos pareiga ir galioja įstatymas sekti individu, t. y. išsivysčiusia asmenybe. Juk išsivysčiusios ir išsilavinusios asmenybės sudaro nežymią visuomenės dalį, o tai reiškia, jog visuomenės laimėjimai bei pasiekimai dvasinėje sferoje priklauso nuo mažumos.

Dėl to visuomenė turi saugoti šių asmenybių idėjas, kad jos neišnyktų iš šito pasaulio. Visuomenei vertėtų žinoti, kad jos išsigelbėjimas yra ne valdančios daugumos, o būtent ypatingai išsivysčiusių asmenybių rankose.

BAIGIAMASIS ŽODIS

Kaupdama patirtį, žmonija palaipsniui vis labiau įsitikina, kad, nepaisant visų jos bandymų pakeisti istorijos kryptį, visuomenės vystymąsi, gyvenimas, kaip sakoma, daro savo, ir viskas vyksta pagal kažkokį – ne nuo mūsų priklausantį scenarijų. Nejaugi likimas tyčiojasi iš mūsų?

Pasaulio studijavimas kabalos metodu atskleidžia mums, kad žmogaus (kūrinijos viršūnės) esmę sudaro trys dalys:

- pirmoji dalis – gyvūninė. Tai kūniški norai (maisto, sekso, šeimos, pastogės). Juos turi kiekvienas individas nepriklausomai nuo visuomenės;

- antroji dalis – žmogiškoji. Tai turto, garbės (šlovės, valdžios), žinių norai – tie, kurie priklauso nuo visuomenės;

- trečioji dalis – dvasinė, kuri pažadina aukštesniojo pasaulio troškimą (jis kyla mumyse iš mirties nuojautos, gyvenimo netobulumo pojūčio, jo šaltinio nežinojimo).

Žmogus gimsta šiame pasaulyje tam, kad per savo gyvenimą atvertų sau aukštesnįjį pasaulį. Tada jis egzistuoja abiejuose pasauliuose ir, mirus kūnui, jaučia dvasinį pasaulį tiek, kiek pasiekė gyvendamas kūne. Jeigu būdamas šiame pasaulyje žmogus neatvėrė sau aukštesniojo pasaulio, jo siela vėl nusileidžia į šį pasaulį – būtent dėl to apsivelka biologiniu kūnu. Atverti aukštesnįjį pasaulį siela gali tik apsivilkusi kūną.

Todėl aišku, kad

- visas šis pasaulis ir mūsų buvimas jame yra skirti tiktai tam, kad gyvendami čia atvertume sau aukštesnįjį pasaulį;
- pirmoji (gyvūninė) ir antroji (žmogiškoji) dalys mumyse neegzistuoja pačios savaime, ir jų vaidmuo yra svarbus tik tiek, kiek jos tarnauja mums realizuojant trečiąją (dvasinę) dalį, t. y. vykdant mūsų užduotį, kuri ir yra išvystyti aukštesniojo pasaulio troškimą, atverti jį dar gyvenant šiame pasaulyje. Visi žmogaus veiksmai vertinami tik per jų ryšio su žmogaus dvasiniu vystymusi prizmę, nes būtent dvasinė dalis turi keistis;
- pirmoji ir antroji dalys kinta mumyse ne savaime ir ne priklausomai nuo mūsų norų, o tik priklausomai nuo būtinybės įgyvendinti dvasinę (trečiąją) dalį;
- savo poelgiams, susijusiems su pirmosios ir antrosios dalių norais, mes neturime valios laisvės, jie užprogramuoti gamtos ir sudaro tvirtą mūsų sandaros karkasą. Rinkdamiesi, kaip elgtis dvasinio vystymosi kelyje, mes drauge nulemiame visas kitas mūsų pirmosios ir antrosios (gyvūninės ir žmogiškosios) dalių būsenas ir, žinoma, trečiosios dalies taip pat;
- atsisakydamas beprasmių veiksmų, susijusių su kūniškaisiais ir žmogiškaisiais norais, bei sutelkdamas

savo pastangas aukštesniajai prigimčiai, aukštesniajam valdymui atverti, drauge žmogus įgyja galimybę viską valdyti šiame pasaulyje (kas susiję su pirmąja bei antrąja dalimis). Kitaip tariant, kelias į šio pasaulio valdymą eina iš aukštesniojo pasaulio. Ir tai suprantama – juk iš aukštesniojo pasaulio mūsų link nusileidžia visi valdymo signalai, visi įvykiai, ir savo galutiniu pavidalu iškyla priešais mus. Todėl pastangos realizuoti savo norus per šį pasaulį, užpildyti save šiame pasaulyje – bergždi mėginimai pakeisti savo likimą, tuo tarpu aukštesniojo pasaulio atvėrimas leidžia žmogui įsijungti į bendrą pasaulių sistemos valdymą.

Taigi visi žmogaus veiksmai, visos jo būsenos šiame pasaulyje yra nulemti iš anksto, viskas, išskyrus vieną dalyką, nuo kurio priklauso visi kiti. Tai siekimas atverti aukštesnįjį pasaulį, pažinti aukščiausiojo valdymo dėsnius.

TURINYS

KAS YRA KABALA?..3
ŠEŠTASIS POJŪTIS 24
VALIOS LAISVĖ 31

Michael Laitman
KAS YRA KABALA?

www.ingramcontent.com/pod-product-compliance
Lightning Source LLC
Chambersburg PA
CBHW071038080526
44587CB00015B/2674